版权所有　翻印必究

图书在版编目（CIP）数据

肇庆古城墙与府城文物考古：2017—2018年肇庆古城墙与府城考古工作成果 / 广东省文物考古研究院，肇庆古城墙申遗办编 . —广州：中山大学出版社，2022.12

（肇庆古城墙申报世界文化遗产系列丛书）

ISBN 978-7-306-07641-0

Ⅰ . ①肇… Ⅱ . ①广… ②肇… Ⅲ . ①古城遗址（考古）—研究—肇庆　Ⅳ . ① K878.34　② K2

中国版本图书馆 CIP 数据核字（2022）第 202580 号

出 版 人：	王天琪
策划编辑：	廖丽玲
责任编辑：	廖丽玲
封面设计：	林绵华
装帧设计：	林绵华
责任校对：	梁嘉璐
责任技编：	靳晓虹
出版发行：	中山大学出版社
电　　话：	编辑部 020-84110283，84111997，84113349
	发行部 020-84111998，84111981，84111160
地　　址：	广州市新港西路135号
邮　　编：	510275　　传　真：020-84036565
网　　址：	http://www.zsup.com.cn　E-mail:zdcbs@mail.sysu.edu.cn
印 刷 者：	恒美印务（广州）有限公司
规　　格：	787mm×1092mm　1/16　9印张　175千字
版次印次：	2022年12月第1版　2022年12月第1次印刷
定　　价：	198.00元

如发现本书因印装质量影响阅读，请与出版社发行部联系调换

肇庆古城墙申报世界文化遗产系列丛书
编委会

主　　任：黎沛荣

副主任：曹　劲　梁道泮　邓宏文

编　　委：邓　杰　刘　长　陈雨生　贾　敏　张致政

《肇庆古城墙与府城文物考古》编纂人员

主　　编：陈雨生

编　　务：张致政　席松甫　龚海洋　尚中克　张海斌

前言

　　肇庆古城墙与府城创建于北宋，至今仍保留着广东唯一的、全国极少见的主体及城周基本完整的古代砖城墙，2001年被列为第五批全国重点文物保护单位，历经千年风雨，积淀了深厚的历史文化。2014年，肇庆古城墙启动了申报世界文化遗产工作。2016年，肇庆市启动了府城保护与复兴项目。

　　2017年，为配合古城墙申遗和肇庆市府城保护与复兴项目，广东省文物考古研究所（现更名为广东省文物考古研究院）对肇庆古城墙遗址进行了全面的考古调查勘探，报请国家文物局同意后，对肇庆古城的朝天门（北门）、南薰门（南门）、景星门（西门）遗址进行了考古发掘。发掘揭露面积共计2000 m²，清理出城门、水闸、房址、道路、沟、墙、柱洞、活动面等遗迹，出土了瓷器、陶器、玉器、石器、铜器、铁器、骨器、玻璃器等各类遗物。遗存年代涵盖宋至民国时期，以清至民国时期遗存为主。

　　2018年，为配合肇庆府署遗址保护工程建设，广东省文物考古研究所又对位于府城西北角的府署遗址进行了全面的考古调查和勘探工作，发现建筑基址、墓葬、灰坑等19处遗迹，其中一座明清时期的建筑基址保存较好，应为肇庆府署的相关建筑。

　　历时近2年的肇庆古城墙与府城考古工作，为研究肇庆古城墙结构形制、建筑工艺及肇庆府署历史提供了宝贵的实物资料。

目 录

第一章　遗址概况 1

第二章　历史沿革 5
　　一、古城墙 7
　　二、府署 10

第三章　工作经过 13

第四章　主要发现 17
　　一、朝天门 19
　　　　（一）城门 19
　　　　（二）墙基 20
　　　　（三）道路 22
　　　　（四）房址 24
　　二、南薰门 26
　　　　（一）城门 27
　　　　（二）水闸 41

（三）月城	43
（四）建筑基址	60
（五）城墙护坡	63

三、景星门　64
（一）城门	65
（二）水闸	81
（三）道路	83
（四）墙址	85

四、府署遗址　86
（一）五号建筑基址	86
（二）八号建筑基址	98
（三）二号墓葬	100

第五章　结语　101
| 一、发掘与保护 | 103 |
| 二、收获及意义 | 111 |

附记　考古工作纪实　113

编后记　125

第一章 遗址概况

肇庆市位于广东省中西部、西江干流中下游，是粤西低山丘陵区与珠江三角洲交汇地带，整体地势西北高东南低，西部与北部地貌以低山丘陵为主，间有河谷盆地，东部与南部以冲积平原为主，多有河网与洼地分布，河流水系密集。肇庆属南亚热带季风气候，年平均气温 21.2 ℃，年平均降水量 1620 mm，常年温暖，阳光充足，雨量充沛，四季常青。

肇庆古城墙位于端州区宋城路，平面略呈长方形，该城原依丘陵而建，北近七星岩，再北为北岭山，其南地势较低，紧邻西江。城墙的地理坐标为东经 112°27′6″、北纬 23°3′7″，海拔高度约 10 m。（图 1-1）

图 1-1 肇庆府城位置示意

在考古工作开展之前，城墙总体保存情况如下：除朝天门北侧于 1995 年因修路出露并被复原外，其余三门及朝天门南侧均于民国时期因道路抬高而被覆土掩埋；朝天门北侧可见月城残迹，其余各门月城均被掩埋于现代道路和建筑之下；北段城墙和南段城墙，由于中华人民共和国成立以来人民南路的开通与拓宽，各开有东西宽约 25 m 的缺口；城门及城楼、敌楼、角楼、披云楼、奎光阁、雉堞等均于民国期间拆除或损毁不存；1986—1989 年，拆除了民国重建的披云楼，复建为现在的披云楼；城墙的北段、西段于 1995—2007 年进行了修缮，重新铺砌了城墙海墁，并复建了雉堞；城墙外侧现存马面 28 座，内侧仅东城墙南部有 2 座；城墙内外两侧包砖保存较为完整，但东段北部内外城墙、南段外侧城墙、西段内侧城墙、北段东部内城墙等被周边建筑覆盖严重。

肇庆府署遗址位于肇庆古城内西北角，丽谯楼以北，肇庆中学初中部以西；北邻肇庆古城墙，地势北高南低；地理坐标为东经 112°27′32″、北纬 23°2′54″，海拔高度约 10 m。中华人民共和国成立后，府署遗址为肇庆市第一人民医院所在地，2012 年，医院迁往城东新址。2016—2017 年，为保护古城墙与府署遗址，肇庆市斥资将府署遗址上的现代建筑全部拆除。（图 1-2）

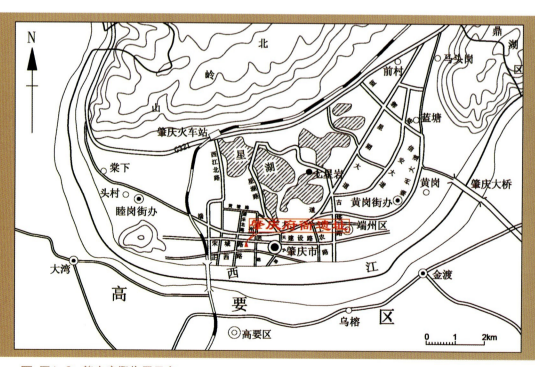

图1-2　肇庆府衙位置示意

第二章 历史沿革

一 古城墙

据史志记载，北宋皇祐四年（1052年），侬智高举兵反宋，端守丁宝臣因无城据守而逃遁，次年（1053年）端州始筑土城，土城范围极小，规模仅容廨宇。依据城砖铭文，肇庆城墙局部拓为砖墙则晚至北宋崇宁元年（1102年）。志书则载，宋政和三年（1113年），郡守郑敦义拓修石（砖）城，城墙共开四门：东曰宋崇，西曰镇西，南曰端溪，北曰朝天。明洪武元年（1368年），知府黄德明主持大规模修缮肇庆城墙，东、西两城门分别改名"正东"和"景星"，南、北两门沿用旧称。明成化元年至五年间（1465—1469年），知府黄瑜于城墙上增置串楼810间，原址复建披云楼，并先后建南、东、西门楼及四隅角楼，其后参将杨广建北门楼。成化十六年（1480年），知府李璲改四门额，东"庆云"、西"景星"、南"南薰"、北"朝天"。嘉靖七年（1528年），兵备佥事李香与知府郑璋撤串楼，修雉堞。崇祯十四年（1641年），两广总督张镜心与知县萧琦将城墙增高了三尺五寸（约为116.67 cm），改建了四门，增筑了月城马路。清顺治八年（1651年），总兵许尔显、知府张之璧增建炮台6座、炮房27间、窝铺148间、水城炮台2所。其后康熙间知府杨万春、闵子奇、史树骏，乾隆间知府吴绳年，嘉庆间肇罗道窦国华和知府庆德、张纯贤，道光间两广总督阮元、知县韩际飞，同治年间肇阳罗道方濬师等对城墙均有修缮，直至民国初年（1912年）城池仍保持完好，民国四年（1915年），乙卯洪灾之后对城墙进行了最后一次修葺。民国十三年至十五年间（1924—1926年），城墙之上的城门楼、雉堞、角楼、奎光阁、月城、炮台等俱被拆毁，并填塞城门，修成斜坡以利交通。1989年，肇庆古城墙被广东省人民政府公布为广东省文物保护单位。2001年，肇庆古城墙被国务院公布为全国重点文物保护单位。

肇庆古城墙整体保存较为完整，平面呈长方形，东西长，南北窄，周长共2801.2 m。披云楼附近城墙高出地面约10 m。南城墙高出城内地面6.5 m。东城墙长403.4 m，宽8.47～9.14 m。西城墙长376.9 m，宽16.1～18.0 m。南城墙长992.3 m，宽8～10 m。

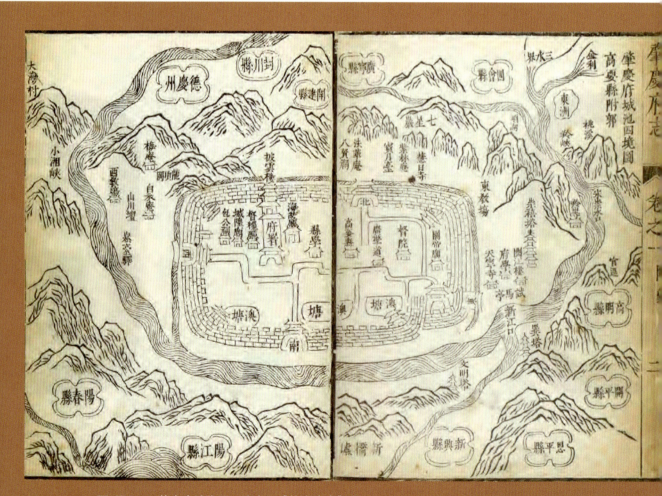

图2-1　肇庆府城舆图一（康熙《肇庆府志》）

北城墙长 1028.6 m，宽 8～11 m。城墙基础部分为石砌，高 1～2 m，石材呈长条形，长 0.6～1.2 m。墙面内外包砖，墙体土筑。城墙包砖多以长方形砖错缝平铺，间有呈层的丁砖或侧砖，砖缝形式不规则，规格多为 36 cm×18 cm×5 cm。内外包砖皆逐层向上收分，又称为"露龈造"，每层内收 1.0～1.5 cm。墙体填土土色灰褐，夹杂黄黏土，比较纯净致密，是否夯筑未知。勾缝材料墙体下部用黄泥砂浆，上层为石灰砂浆。局部墙面残存白灰或水泥批荡。（图 2-1、图 2-2）

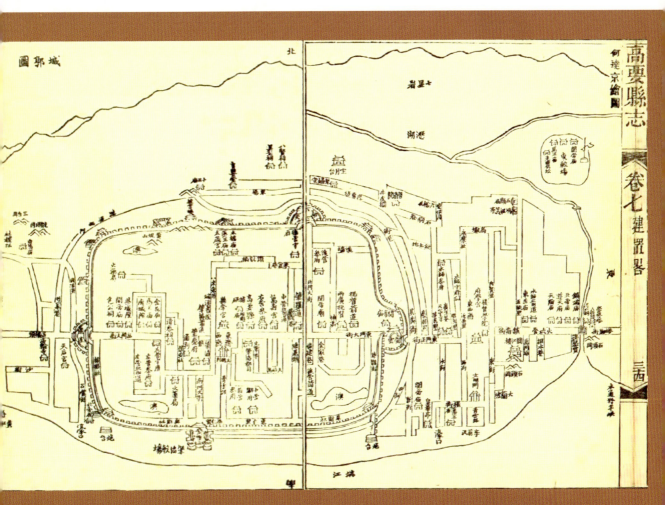

图2-2 肇庆府城舆图二（道光《高要县志》）

二 府署

据文献记载，肇庆汉属高要县（现为高要区）辖地，隋、唐设端州，至宋初州治位于现址以东。包拯知端州时，将州署西迁至今址。州署中为大厅，东有清心堂，西有枕书堂和菊圃，西北有洗砚池。州署周边另有相魁堂、敬简堂、双瑞堂、节堂和秋霜宅等建筑。宋徽宗即位前曾被封为端王，封地即端州，即位后升端州为兴庆军，并御笔赐府额，改为肇庆府。

历元季战乱，明洪武二年（1369年），府署于原址重新创建，此后屡经修缮，改扩建不断。洪武九年（1376年），重修正厅、经历司、照磨所等。宣德七年（1432年），重建正厅，立牌坊于大门外。成化元年（1465年），修架阁库并迁仪仗库于仪门外。成化七年（1471年），重建台门丽谯楼。嘉靖十八年（1539年），新建军器库。此后万历至崇祯年间，各有增创改建。

据康熙《肇庆府志》载，肇庆府署中设大堂五间，大堂前为仪门，仪门前为台门，上建钟鼓楼，台门前为牌坊，牌坊前为照墙。大堂后为穿堂三间，穿堂后为二堂三间，二堂后为住宅五间，住宅后为后楼五间。后楼、住宅两侧各有配房，配房东侧另有箭亭，西侧为内书房。二堂东侧为厨房，西侧为晚香堂与中和堂。二堂与穿堂之间，西为厢房，东为茶房，茶房东侧石楼即俗传包公乌台，台前有井名包公井，楼、井之东为粮仓与鱼池。穿堂之前，西为丰积库与耳房，耳房西有"岭松佳处"与梅花书屋，书屋北侧有洗砚池。大堂东西两侧分别为寅清堂与清心堂。大堂与仪门之间，东西两侧为六房。六房东侧为粮仓，西侧为通判署。仪门与台门之间，东西两侧分别为土地祠与寅宾馆。台门之外，西侧有经历司与司狱司，东侧有班房与同知署。

顺治七年至康熙六年（1650—1667年），司狱、捕盗通判、管粮通判、照磨、推官等被裁，相应司属荒废。大堂、二堂、大门后多倾圮，自乾隆二十一年（1756年），陆续重建梅花书屋、晚香堂、后楼、东西配房、司狱司等。道光元年至十年（1821—1830年），各有增创改建。宣统三年（1911年），府署改为临时民政部署。（图2-3）

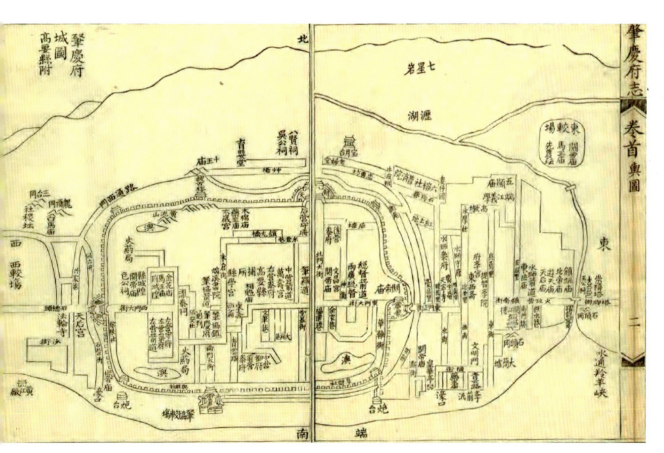

图2-3 肇庆府城舆图三（光绪《肇庆府志》）

民国元年（1912年），肇军司令部设于肇庆府署旧址，后又被改为临时医院。1944年，肇庆府署旧址范围兴建了广东省立第二医院（肇庆市第一人民医院前身）。为配合肇庆府城复兴项目建设，2012年，医院迁往城东新址。2016—2017年，为保护古城墙与府署遗址，府署遗址上的现代建筑全部被拆除。（图2-4）

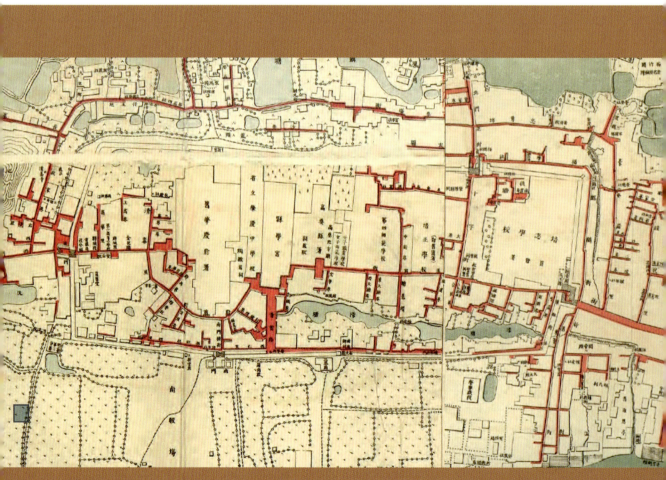

图2-4 民国时期肇庆府城（宣统《高要县志》）

第三章 工作经过

2017年2—6月，配合肇庆古城墙申遗和肇庆市府城保护复兴项目建设、文物保护，广东省文物考古研究所对肇庆古城墙遗址进行了全面的考古调查和勘探工作。此次工作对现存周长约2800 m的城墙进行了地表踏查和考古学观察，在古城墙的北门、南门、西门位置及其周边范围，使用探铲进行考古普探，并开设多条探沟进行考古重探，发现了宋代城墙基础、明代城门墩台、清代瓮城、民国时期道路和房址等一组年代序列相对完整的遗迹，填补了肇庆古城各时期建筑资料的空白。

2017年6—12月，经国家文物局批准，广东省文物考古研究所对肇庆古城的朝天门（北门）、南薰门（南门）、景星门（西门）进行了考古发掘，发掘面积2000 m^2。为方便记录，将北门、南门、西门三个发掘区分别编为Ⅰ区、Ⅱ区、Ⅲ区，揭露面积分别为400 m^2、1000 m^2、600 m^2。此次发掘清理出城门、水闸、房址、道路、沟、墙、柱洞、活动面等遗迹，出土了瓷器、陶器、玉器、石器、铜器、铁器、骨器、玻璃器等遗物，遗存年代主要为明清至民国时期。

2018年3—7月，为保护文物和配合肇庆府署遗址保护工程的建设，广东省文物考古研究所对工程建设范围进行了全面的考古调查和勘探工作。此次工作对项目用地进行了全面踏查和考古学观察，使用探铲进行了大范围考古普探，开设探沟对重点区域进行了考古重探，结合对文献史料、明清方舆图、近现代测绘资料的综合考证，了解了肇庆府衙的建制、沿革和保存现状等。

2018年9—10月，为保护文物和配合康乐南路（宋城二路至南溪路段）市政工程建设，广东省文物考古研究所对工程建设范围进行了全面踏查和考古学观察，使用探铲进行了大范围考古普探，开设探沟对重点区域进行了考古重探。此次工作未有重要发现。

第四章 主要发现

一 朝天门

图4-1 朝天门考古发掘区域正射影像（南-北）

朝天门区域的考古工作集中在城墙内侧，发现的遗迹有城门、墙基、道路、房基、沟等类，以道路数量最多。（图4-1）

（一）城门

清理城门1座。

一号城门（CM1）近南北向，北偏东约8°，由门洞和城门墩台组成。门洞残存两壁，东壁残高2.1～2.13 m，西壁残高1.72～1.75 m，两壁向上略向内倾斜，顶部坍塌，原应为券顶。门洞南接四号道路（L4）。门洞底部净宽4.5 m，高1.7 m处净宽4.43 m。门洞两壁及城门墩台表面均有批荡，厚度1～2 cm，分两层，内层为水泥砂浆，厚约 0.5 cm，外层为石灰砂浆，厚 0.5～1.5 cm，表面以红色涂料涂饰。城门墩台仅揭露部分南壁，为条形石砌筑而成，面阔 25.5 m。墩台南端有夯土护坡，已揭露部分东西长 2.18 m，顶部呈斜坡状，内侧高 1.23～1.28 m，外侧高约 1.23 m，宽约 0.36 m。夯土墙南侧底部与五号道路（L5）相接。根据门的位置、形制并结合揭露的叠压打破关系和包含物特征判断，其应为肇庆古城北门朝天门。（图 4-2）

图 4-2 一号城门（南-北）

（二）墙基

清理墙基 1 座。

一号墙基（Q1）位于现存城墙底部，东西向，向东偏出现存城墙，与现存城墙夹角约 10°。墙体呈斜坡状，西高东低倾斜约 20°，南高北低倾斜约 5°。残存墙体长约 1.8 m，高约 1.5 m，由青砖砌成，青砖倾斜角度与墙体基本一致，砖向与墙体垂直。青砖多断裂，可观察到的完整砖极少，完整砖规格为：宽 17～19 cm，厚 4 cm，长

图4-3 一号墙基（东-西）

约30 cm。未见铭文，据砖规格推断其为宋砖。现存城墙在倾斜的一号墙顶部垫平基础上，向上砌筑而成。Q1底部为致密的红褐色黏土，无火烧或夯筑痕迹。（图4-3、图4-4）

图4-4 一号墙基（南-北）

图4-5　四号道路（北-南）

（三）道路

共清理道路8条，其中四号道路（L4）保存较好。

四号道路（L4）南北向，北偏东4～8°，大致水平，无明显倾斜。道路北部与城门相接，于城门口置一排东西向包边石将路面与门洞底部隔开。由青砖碎块混合黄

图4-6　四号道路局部（西-东）

色黏土与少量细沙夯筑而成，结构紧密，碎砖块体积皆较小，直径2～4 cm，应属人为碎砖而成，路面中部微拱。道路长约35 m，宽2.98～4.15 m，厚0.1～0.18 m。道路两侧有条形包边石，包边石宽0.25～0.31 m，长度不一，范围为0.3～0.7 m。（图4-5、图4-6）

七号道路（L7）位于四号道路（L4）之下，仅揭露较少部分。南北向，北偏东约5°。路面较平整，由两层青砖平铺而成，完整砖与断砖并用，以断砖居多，局部缺砖，形成空隙。砖向杂乱，其中路面东部宽约1.5 m范围，砖向以东西向、南北向为主，西部宽约1.8 m范围则杂乱无章。完整砖规格为：长24～30 cm，宽12～14 cm，厚5～6 cm。断砖规格不一，长10～24 cm，宽6～14 cm，厚5～6 cm。路面下有一层红褐色垫土，厚约13 cm，包含物较少。道路揭露部分长4 m，宽3.24～3.36 m，厚约0.25 m。（图4-7）

图4-7　七号道路（北-南）

（四）房址

共清理房址4座。

一号房址（F1）坐东朝西，北偏东约5°。目前仅揭露出房基西部，其东部被一号道路（L1）东包边墙叠压。房基由墙、柱、地面组成，未发现门道。南北全长7.72 m，东西宽1.3～1.4 m，残高约0.32 m。

在房基南、北两侧及中部共清理出3道墙体，西侧墙体破坏严重，残高与地面平齐，难辨痕迹，仅可根据房基结构推断其位置。南墙长0.48 m，宽0.22～0.38 m，残高约0.12 m，残存2层青砖平铺叠砌，下丁上顺。中部墙体残长0.25 m，宽0.25～0.27 m，残高约0.12 m，残存4块青砖，丁向侧砌。北墙长1.04 m，宽0.28 m，残高约0.2 m，残存3层青砖，墙体为两行青砖顺向平铺叠砌，两行砖间距约4 cm，中间填土。南墙与中墙间距约3.6 m，中墙与北墙间距约3.1 m。

南墙与中墙西端各有柱1座，方形，边长0.4 m，四边由青砖一顺一丁围合而成，中间方孔填断砖与土，南部柱体残高0.32 m，中部柱体残高0.24 m。

房内地面残损严重，由青砖铺成墁地，多为断砖，砖体零散，砖向多东西向，砖长10～27 cm，宽8～14 cm，厚约6 cm。（图4-8）

图4-8 四号道路、一号房址及一号道路东包边墙（西-东）

二号房址（F2）仅揭露出房基的部分东墙与北墙，未发现门道，根据房基位置判断，其应为坐西朝东，北偏东约5°。东墙长1.94 m，宽0.24 m，残高0.56 m，以青砖平铺叠砌，采用多顺一丁的砌法。现存10层砖，除第3层为丁砖外，余皆为两行青砖顺向平铺，两行砖间距约7 cm，中间填土。北墙长0.8 m，宽0.24 m，残高约0.66 m，墙体残存青砖12层，结构与东墙基本一致。东墙所见墙砖皆为完整砖，北

▼ 图4-9　二号房址（东-西）

墙则使用较多断砖。完整砖规格：长23 cm，宽11 cm，厚5.5～6.0 cm。房址东北角竖有一界碑，面向东，上小下大，通高39 cm，顶部长13 cm，宽9 cm，底部长15 cm，宽10 cm。界碑正面自上向下阴刻"肇羅醫院界"五字。F2应是民国时期肇罗医院用房残迹。（图4-9、图4-10）

▼ 图4-10　二号房址（北-南）

二 南薰门

南薰门区域的考古工作清理出城门、水闸、柱洞、排水沟、建筑基址、道路、城墙护坡等遗迹，对月城墙进行了较全面的揭露。（图4-11）

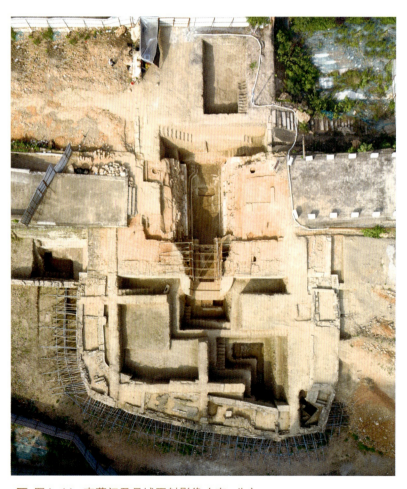

图4-11 南薰门及月城正射影像（南-北）

（一）城门

清理城门 1 座。

一号城门（CM1）位于月城北部，可分为城门墩台与城门洞两部分。

1. 城门墩台

东西两侧偏北部分被现代修缮城墙所叠压，保存较完整。墩台底部略大于顶部，平面形状呈长方形，东西长约 26.7 m，南北宽约 13.7 m，残高约 4.4 m。从建筑结构上看，城门墩台与两侧城墙是分别修筑的。墩台的营造方法为：以较纯净的、土质较硬的红褐色山岗土夯筑，但夯层不明显；四面以砖、石砌墙包边，墙宽 1.40～1.75 m，包边墙下部砌筑条石为基，上部砌砖，砌法以一顺一丁为主，墙体内侧砌砖零乱，内边沿不规整，外侧墙面平整陡直，砖缝之间以白灰勾缝黏合，墙表面有水泥与石灰砂浆批荡，厚度 1～3 cm。包边墙用砖规格主要有两种：一为青灰色砖，规格为 16 cm×3 cm×6 cm，此类砖烧制火候较高，质地坚硬，部分砖面有"军造"字样；二为黄色砖，规格为 18 cm×36 cm×5 cm，烧制火候及质地较前者略差，个别砖面有"四会二"等字样。（图 4-12 至图 4-17）

图4-12 城门墩台顶部（西-东）

图4-13 城门墩台北壁（北-南）

图4-14 城门墩台西壁(西-东)

图4-15 城门墩台南侧包边及外壁局部(南-北)

图4-16 城门墩台南侧包边顶部局部(北-南)

图4-17 城门墩台东侧包边与月城相接处(北-南)

城门墩台顶部清理出砖砌柱洞6个，对称分布于门洞东、西两侧，依发现柱洞时间的先后编号，门洞东侧柱洞自北向南分别编号为D1、D6、D2，西侧柱洞自北向南编号分别为D3、D5、D4。

一号柱洞（D1）位于城门洞东侧近东北角处，以柱洞中心计算，西距门洞东壁约3.4 m，北距墩台北壁约1.95 m。开口于现代路土层下。平面形状近圆形，内径约64 cm，外径90 cm，残深约76 cm。四周以灰色半砖和少量完整砖相互叠压垒砌，北部砌砖与墩台包边墙砖相连接。柱洞内壁上部较直，下部近底略内收，砌砖较规整，残存砖层10～11层。底较平，为红褐色土，与墩台填土基本相同，土质稍硬，较纯净。柱洞内填夹浅灰斑黄褐色土，土质松疏，包含少量碎砖块，出土少量布纹瓦片、素面陶片等。（图4-18、图4-19）

图4-18 一号柱洞（西-东）

图4-19 一号柱洞解剖（东-西）

二号柱洞（D2）位于墩台中南部，城门洞东侧，北距D6约2.8 m，西距门洞东壁约3.8 m，南距墩台南沿约1.85 m。开口于现代路土层下，距地表约15 cm。保存较完整。平面近圆形，内径约62 cm，残深约60 cm，口部北高南低。周壁以灰色半砖和少量完整砖相互叠压垒砌，南部砌砖与墩台南壁包边墙砖相接。内壁较直，砌砖较规整，北部残存砖层8层，南部残存砖层9层。底较平，为红褐色土，土质致密。柱洞内填夹浅灰斑黄褐色土，土质疏松，包含少量碎砖，出土少量布纹瓦片等。（图4-20）

图4-20　二号柱洞（南-北）

三号柱洞（D3）位于城门洞西侧，与城门洞东侧D1相对应，两者相距约11 m，北距墩台北沿约1.9 m。平面近圆形，内径60～62 cm，外径约90 cm。解剖深度约22 cm，从已解剖的情况看，其结构与D1基本相同，周壁用半砖和少量完整砖垒砌，内壁较直，南部残存砖层4层，每层厚5～6 cm。柱洞内填夹浅灰斑黄褐色土，土质疏松，未出土遗物。

图4-21　三号柱洞（东-西）

四号柱洞（D4）位于城门洞西侧，与城门洞东侧D2相对应，两者相距约10.7 m，柱洞距墩台南沿约1.85 m。开口于现代路土层下，距地表约25 cm。保存较完整。平面近圆形，内径约62 cm。柱洞东半部解剖深度约10 cm（未至底），柱洞西部被一层红褐色黏土叠压，未清理。柱洞外部未见明显柱坑边线，南部砌砖与墩台南壁包边墙相接。柱洞内壁较直，东部砌砖残存2层，每层厚约5 cm。柱洞内填夹浅灰斑黄褐色土，土质较疏松，包含少量碎砖。（图4-22）

图4-22　四号柱洞（东-西）

五号柱洞（D5）位于城门洞西侧，与城门洞东侧D6相对应，两者相距约10.6 m。开口于现代路土层下，距地表约15 cm。保存较差，南部被现代沟破坏。现存部分平面近半圆形，内径约62 cm，南北残长约36 cm，残深约42 cm。其结构与上述几个柱洞基本相同，周壁为半砖或完整砖垒砌，内壁较直，残存砖层5～6层，每层厚5～8 cm。底近平，为红褐色土，较致密。柱洞内填黄褐色杂土，土质疏松，未出土遗物。（图4-23）

图4-23　五号柱洞（南-北）

六号柱洞（D6）位于城门洞东侧，北距D1约7 m，西距门洞东壁约3.3 m。开口于现代路土层下，距地表约20 cm。保存状况很差，南部被现代沟破坏，残存北部少许。平面近圆形，内径约62 cm，残深4～14 cm，内壁西北部残存砖约2层，结构与上述柱洞基本相同，柱洞内填夹浅灰斑黄褐色土，土质疏松，包含少量碎砖块。（图4-24）

图4-24　六号柱洞（北－南）

2. 城门洞

城门洞开于城门墩台中部，北偏东6°，为砖石混砌结构，南北总长约14.6 m，宽3.6～4.5 m。由南、北两段组成，南窄北宽，底平面呈"凸"字形，南段宽约3.5 m，北段宽约4.5 m，各段长度不详（发掘时考虑安全因素，此段门洞东西两侧各保留一小段门洞内填土，上部做有防护支撑架，故未完全发掘，门洞南段与北段交接处墙壁未揭露），北段已揭露长度约8.9 m。（图4-25、图4-26）

图4-25　南薰门城门洞（南－北）

图4-26 南薰门坡门洞全景（北—南）

城门洞废弃后于门内南段填充夯土，距地表深约 0.35 m，东西长约 3.6 m，南北长 3.5～3.8 m，厚约 4.7 m。夯土为黄褐色黏土自下而上逐层夯筑，土质坚硬，夯层厚 15～20 cm，夯层之间均有一薄层白灰面，可能为防止行夯时黏连。夯土包含少量砖渣、瓦砾、粗沙等，出土少量布纹板瓦、青绿釉瓦当。（图4-27）

门洞北段填土则包含大量石条、砖块等建筑材料，应是门洞顶部拆毁后就地填充门洞所致。门洞前段夯土则应为城门拆毁前为堵塞门洞所筑。（图4-28）

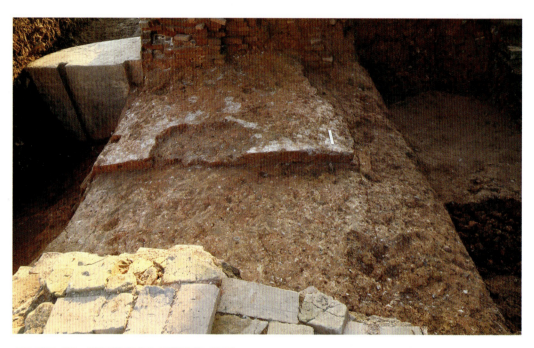

图4-27　城门洞内夯土顶部（东-西）

图4-28　城门洞内夯土（西北-东南）

门洞券顶破坏严重,仅存两侧叠压于券顶上部的砌砖,券顶形状难辨。门洞东、西两壁保存略好,为砖石混砌结构。东壁残高 0.85～2.45 m,宽 1.40～1.85 m,外壁边沿不规整,内壁自下而上微微内收,收分约 1 cm;内壁多用大小不同的条石错缝砌筑,砌法为每层多顺一丁,石缝以白石灰勾缝黏合,条石外侧以整砖间半砖填筑,与"丁"砌条石相咬合。西壁残高 1.2～2.2 m,宽 1.4～2.0 m,内壁自下而上收分约 2 cm,筑法与东壁相同。东、西两壁所用砖、石规格不一,其中砖的规格主要有两种,分别为 16 cm×3 cm×6 cm 和 18 cm×36 cm×5 cm,以后者居多。条石规格较多,以 90 cm×25 cm×20 cm 为主。东、西两壁内侧壁面皆有白灰批荡,厚度为 2～4 cm,最厚处由内向外可分 3 层,每层厚 0.5～1.0 cm。每层表面均有红色颜料涂饰,最外层批荡表面有水平的白色细线条作装饰,线条间距约 36 cm。(图 4-29 至图 4-32)

图 4-29 城门洞东壁(西-东)

图4-30 城门洞西壁（东北-西南）

图4-31 城门洞西壁砖砌结构（东-西）

图4-32 城门洞墙壁批荡（东-西）

门洞南段底部有两条东西向灰砂凹槽，平行排列，南侧凹槽距门洞南入口约 1.4 m，东、西两端被门洞两侧保留的夯土所叠压，未发掘揭露。已揭露部分保存较差，边沿大部破损，平面近长方形，长约 2.0 m，残宽约 0.1 m，残深 0.03～0.05 m；北侧凹槽距南侧凹槽约 2.2 m，保存状况较南侧稍好，平面近长方形，已揭露部分长约 2.0 m，残宽约 0.12 m，残深约 0.05 m。门洞两壁上部各有凹槽一处，东西对称，由于揭露甚少，破坏较严重，其具体性质不明，从位置上判断，应与上述门洞底部南侧凹槽相对应，结合西门揭露的城门洞情况推测，其可能是安放闸板所用。（图 4-33、图 4-34）

图4-33　城门洞底部北侧凹槽（北-南）

图4-34　城门洞底部南侧凹槽（南-北）

城门洞底部为道路,依据叠压关系可分为上、下两层。

第一层道路,北部出门洞与城内道路相连接。南北向,东西宽约 3.7 m,路面中部被晚期破坏无存,残存东、西两侧,为黄灰色土夹乱砖、瓦片筑成,土质坚硬,路面整体南部稍高,北部略低。路面厚约 15 cm,下部垫土可分两层:第一层,灰褐色沙土,土质较致密,包含少量碎石、碎砖和白灰颗粒等,厚 10~15 cm,未出土遗物。第二层,夹黄褐斑深灰色土,土质较疏松,包含少量碎石、碎砖,厚 10~20 cm,出土极少量青花瓷片,时代应属晚清至民国时期。(图 4-35)

图4-35 城门洞底部第一层路面(北-南)

第二层道路，开口于第一层道路垫土下，揭露面积较小。路面为较纯净的黄褐色黏土夯筑而成，土质极其坚硬，已清理部分东西长约2.2 m，南北宽约1 m，厚度不详。（图4-36）

图4-36　城门洞底部第二层路面（南-北）

城门洞底部两侧各有一条散水沟，均为水泥灰砂建造，形制结构相同，其年代与城门洞底部第一层路面应基本一致，属民国时期。

西侧散水沟紧依门洞西壁，保存较好，南北向。北端于门洞口向东折转，而后向北延伸至发掘区外。为安全考虑，南端仅揭露至门洞内保留的夯土处。已揭露部分平面呈长条状，南北长约11.7 m，东西宽约0.2 m，深约0.15 m。沟壁及底均为水泥灰砂筑成，壁较陡直，底部南高北低。（图4-37）

东侧散水沟紧依门洞东壁，保存较好，南北向。已揭露部分南北长约11.75 m，东西宽约0.2 m，深0.10～0.15 m。其形制结构与西侧散水沟基本相同。（图4-38）

图4-37 西侧散水沟（东-西）

图4-38 东侧散水沟（北-南）

（二）水闸

清理水闸1座。

一号水闸（SZ1）位于城门洞前端，与城门墩台南包边墙相接，距地表约0.9 m。水闸由东、西对称的两个闸墩及门槽构成，立面呈"凹"字形。水闸内宽约3.6 m，厚约2.0 m。（图4-39）

西侧闸墩，平面呈直角扇形，顶部为平面，外壁微弧，内壁陡直，前窄后宽。闸墩为青砖、水泥砌成，四周用水泥粉饰，表面光滑，顶部东西最宽约1.3 m，南北长约2 m，高约3.8 m。（图4-40）

图4-39 城门洞前端水闸（南-北）

东侧闸墩形制与西侧基本相同,宽度较西侧略小,顶部东西最宽约1.15 m。水闸东、西两闸墩内壁对称,各有竖向方形门槽两道,间距约1 m,门槽宽15～20 cm,深15 cm。(图4-41)

水闸底部铺设石条,北部残毁严重。表面用水泥涂饰,较平整,其上见有两道方形门槽,与两侧闸墩内壁门槽相接,北侧门槽残损较多。门槽由两块石条拼合而成,组装方式为:在一块石条的一边凿出"L"形缺口,与另一块边缘完整的石板拼接形成门槽。(图4-42)

图4-40 西侧闸墩(东-西)

图4-41 东侧闸墩(西-东)

图4-42 水闸底部(北-南)

(三)月城

月城位于肇庆古城南门的南侧,平面呈不规则圆角矩形,东西长约 29 m,南北宽约 17.45 m,由东、西、南三墙合围而成,北接城门墩台。墙体结构为中间填土,内外两侧以砖墙包边,内外墙之间有隔墙支撑,南墙的内侧墙面缩进约 0.4 m,与东墙、西墙两墙交接处形成错位,交接处的夹角分别为 82°、77°。(图 4-43)

图 4-43 肇庆古城南门及月城

1. 东墙

东墙北接城门墩台南壁，局部被现代房基叠压。南北长约 14.9 m，宽 2.7～3.1 m。结构为中间填土，内外两侧砖墙包边。外包边墙宽 0.6～0.7 m，内壁出露高度约 0.9 m，北端紧靠城门墩台东壁，伸入墩台约 0.35 m，墙体为长方形灰砖平铺叠砌，丁顺无规律，外壁较规整，砖缝以白灰勾缝黏合。内包边墙宽 0.85～0.95 m，墙体砌筑方法与外包边墙大致相同，内壁砖缝以白灰勾缝黏合。内外包边墙所用砖规格主要为 20 cm×10 cm×5 cm。内外包边墙间距 1.55～1.60 m，中间填黄灰色沙土，土质疏松，夹较多碎砖、瓦片。东墙北段内外墙间填土之上，残存少许砖铺面，破坏较严重，铺砖较零乱，所用砖有两种：一种为长方形灰色砖，规格为 20 cm×10 cm×5 cm；另一种为灰白色砖，未见完整砖，宽约 15 cm，厚约 5 cm。砖铺面分布范围较小，破坏严重，具体性质不详。（图 4-44、图 4-45）

图 4-44　月城东墙南段（西-东）

▲ 图4-45 东墙北端与城门墩台相接（东北-西南）

隔墙6，位于东墙近北端，东西向，宽0.30～0.35 m，已揭露部分高约0.2 m。墙体为三道长方形砖顺向错缝平铺叠砌，不甚规整。隔墙南侧揭露少许铺砖面。

2. 南墙

南墙顶部近完全揭露，局部被现代砖墙、砖柱叠压或打破，总体保存较好。南墙长约26.4 m（以外侧墙体长度计算），宽3.45～3.95 m，外侧高出现地面约3.5 m，方向169°。内包边砖墙宽约0.75 m，外包边砖墙宽0.80～0.85 m，两墙间距2.0～2.4 m，包边墙平面所见砌砖结构及其之间的填土与东墙基本相同。（图4-46、图4-47）

图4-46 月城南墙东段

图4-47 月城南墙西段（西-东）

内外包边墙之间发现隔墙四道，近南北向，自东向西编为隔墙 1～3 及隔墙 7，说明如下：

隔墙 1，位于南墙的东端，以三道长方形砖顺向错缝平铺叠砌，宽约 0.3 m。墙体中段被晚期扰动，砌砖较散乱。

隔墙 2，位于隔墙 1 西侧，与隔墙 1 相距约 2.2 m，宽约 0.35 m，砌法与隔墙 1 相同，近南端被晚期扰动，砌砖散乱。

隔墙 3，位于南墙近西端，墙体南端被现代建筑破坏，隔墙 3 与隔墙 2 相距约 11.6 m，宽 0.30～0.35 m，砌法与隔墙 1 相同。

隔墙 7，位于南墙近中部，东距隔墙 2 约 5.65 m，西距隔墙 3 约 5.8 m。近南北向，北部未揭露，宽约 0.35 m。揭露部分砌法与隔墙 1 相同。

南墙顶部残存砖铺地面，据层位和结构编为一、二号。（图 4-48）

图 4-48　南墙顶部一、二号砖铺面（北-南）

一号砖铺地面位于南墙的中西部，破坏严重，残存较少，原范围不清，直接叠压于二号铺地砖之上，以长方形青砖顺向错缝平铺墁地，砖多断裂。单砖常见规格为25 cm×10 cm×5 cm。

二号砖铺面破坏甚多，现残存有2处：其一位于南墙中东部，分布面积约3 m²；其二位于南墙的中西部，北端被一号砖铺地面叠压，分布面积约2 m²。地面以长方形青砖顺向错缝侧砌铺墁，单砖常见规格为25 cm×10 cm×5 cm。（图4-49）

图4-49 南墙顶部二号砖铺面（西-东）

此次发掘揭露了部分南墙内墙,揭露部分高约 4.6 m(未至底),壁面陡直,以长方形灰砖错缝叠砌,砌法为三顺一丁,即每三层顺砖间隔一层丁砖,砖缝用白灰勾缝黏合,用砖规格为 20 cm×10 cm×5 cm。(图 4-50)

图4-50　月城南墙内壁(北-南)

3. 西墙

西墙北端接城门墩台南壁，局部被现代砖柱打破。墙南北长约10.7 m，宽3.05～3.95 m，外侧高出地面约4.5 m，方向1°。墙体结构与东墙基本相同，亦为中间填土、内外两侧砖墙包边。外包边墙宽0.80～0.95 m，北端紧靠城门墩台西壁，伸入墩台约0.35 m。内包边墙宽0.60～0.75 m，北端与墩台南壁相接。内外包边墙间距1.65～1.70 m，用砖规格为20 cm×10 cm×5 cm。墙体北端内外墙间填土之上，残存砖铺地面一处，保存较差，主要为长方形灰砖东西向平铺，以碎砖居多，完整砖规格为20 cm×10 cm×5 cm。（图4-51）

图4-51 月城西墙外墙外壁（西-东）

西墙内外包边墙之间发现东西向隔墙2道，自南向北编为隔墙4、隔墙5。（图4-52、图4-53）

隔墙4，位于西墙的南部，中东部被现代砖墙叠压。墙体以3道长方形砖顺向错缝平铺叠砌，宽约0.32 m。

隔墙5，位于隔墙3北部，与隔墙3相距约3.7 m，砌法与隔墙4相同。

图4-52　月城西墙（北-南）

图4-53 月城西墙（南-北）

4. 附属建筑

一号附属建筑，位于月城东南角内外包边砖墙之间，被现代扰坑打破。平面呈长方形，已揭露部分南北长约 2.35 m、东西宽约 1.25 m、残高 0.25～1.26 m。分西南、东北两台面，西南台面高出东北台面约 0.84 m。西南台面揭露的铺砖破坏较少，为长方形青砖平铺，铺砖无明显规律。东北台面铺砖破坏较多，仅残存西南部少许，为长方形青灰砖"一"字形平铺。四面墙体均以长方形青灰砖错缝平铺叠砌，东南侧墙体紧贴月城墙外包边墙内壁，宽约 0.45 m，其余三面墙体尺寸不明。西北角设过道通往月城内，宽约 0.5 m，过道底部为三级砖砌台阶，每级台阶高 0.05～0.10 m，宽约 0.1 m。（图 4-54、图 4-55）

图4-54　一号附属建筑（北-南）

图4-55 一号附属建筑(东南-西北)

二号附属建筑，位于月城西南角。平面近三角形，由东墙、北部台阶与月城外墙围合而成。东部砖墙近南北向，长约 1.6 m，宽约 0.35 m，已揭露高度约 0.25 m。北端略有破坏，南端与月城南墙的外墙内壁相接，墙体以长方形灰砖顺向错缝平铺叠砌，内壁略外弧。北部台阶自北向南依次渐低为三层砖台。第一层砖台残存 7 块长方形灰砖丁向侧砌，南部与第二层砖台相接处顺向侧砌一排包边砖，第一层砖台东西残长约 0.45 m，宽约 0.25 m。第二层砖台顶部为灰砖侧砌，残存东端 3 块，下部为灰砖平铺，砖台南北长约 1.28 m、宽约 1.25 m、残高 0.05～0.15 m。第三层砖台台面残存一层灰砖平铺，下为黄褐色沙土，砖台南北残长约 0.96 m，宽约 0.30 m，残高约 0.05 m。（图 4-56）

图4-56　二号附属建筑（南-北）

5. 月城西门

从清理情况看，西门入口已被砖墙完全封堵，门洞内部结构未知。净宽约2.4 m，净高约2.15 m，方向84°。底部结构不详，南、北两壁以长方形砖顺向错缝平铺叠砌，净高1.4 m处向上起券，券砖3层。门外两侧对称竖立一长方形石条，南侧石条高出地面约1.65 m，宽0.34 m，厚0.26 m。北侧石条因镶入晚期砖墙内，仅知高约1.6 m，厚约0.3 m，宽度不详。依据门的结构及砌砖特征推测，其时代应为清代。（图4-57）

图4-57 月城西门（西-东）

6. 月城底部路面

月城底部清理出3层路面，由于清理面积有限，道路方向等情况尚不清楚。

第一层路面位于城门洞前端水闸之前，距地表约4.6 m。仅揭露较少部分，北部破坏较严重。路面以黄灰土夹杂碎砖、瓦片等夯筑而成，较坚硬，厚6～8 cm，北部见有数块石条呈东西向一字形平铺，应为路基包边。（图4-58）

图4-58 月城底部第一层路面（东-西）

对第一层路面进行部分解剖，于其下又发现2层路面。

第二层路面为砖铺面，北部破坏严重，揭露部分东西长约3 m，南北残宽0.25～0.50 m，厚5～6 cm。路面铺砖多为青色断砖，东西向，完整砖有2种规格：20 cm×10 cm×5 cm、30 cm×15 cm×5 cm。路面下为道路垫土，厚约80 cm，可分2层：第一层，灰褐色土，土质较疏松，包含少量碎砖、瓦片，厚8～14 cm；第二层，红褐色黏土，土质致密，较纯净，无包含物，厚58～75 cm。（图4-59）

图4-59 月城底部第二层路面（西-东）

第三层路面揭露面积较小，南北长约1.3 m，东西宽约0.9 m。路面铺砖，近中部为一道南北向侧铺砖，两侧用砖平铺，砖向以东西向为主，所用多为半砖，砖色有红褐色、灰白色、灰色3种，以灰色砖居多，完整砖规格为30 cm×15 cm×5 cm。从叠压关系及铺砖特征上初步分析，其年代应属明代。（图4-60）

图4-60　月城底部第三层路面（南-北）

（四）建筑基址

共清理建筑基址5处，其中月城底部有建筑基址3处，编号建筑基址一至三号；城门墩台北侧建筑基址2处，编号建筑基址四号和五号。

一号建筑基址位于月城中东部，距地表约4.25 m。揭露部分保存较差，南北约2 m，东西约2.1 m。建筑基址中部有一近南北向隔墙，长约1.5 m，残高约0.1 m，残存砖2层。隔墙两侧以长方形砖平铺墁地，大多为断砖，砖向为东西向。铺砖有灰、红二色，以灰色居多。灰色砖仅数块完整，规格为20 cm×10 cm×5 cm；红色砖未见完整砖，厚度约4 cm。铺砖下为黄褐色夹浅灰斑土，土质坚硬，或经夯筑。（图4-61）

图4-61　一号建筑基址（北-南）

二号建筑基址位于月城东南部，距地表约 4.15 m。揭露部分保存较差，平面近长方形，南北残长约 1.85 m，东西残宽约 0.65 m。底部以段砖平铺墁地，边缘不规整。铺砖略显杂乱，大致呈南北向，砖与砖之间缝隙较大，砖缝为浅灰土。铺砖残存 2 层，厚约 0.12 m。未见完整砖，砖宽约 10 cm，厚约 4 cm。（图 4-62）

图 4-62　二号建筑基址（东-西）

四号建筑基址位于城门洞北入口东侧,距地表约4.5 m。其南端紧依城门墩台北壁,西端与城门洞东壁相齐,东、北部延伸至发掘区外。揭露部分平面近长方形,东西长约2.85 m,南北宽约1.3 m,底部以长方形灰砖平铺墁地,铺砖多为半砖,南北向,规格为20 cm×10 cm×5 cm。北部铺砖上有少许黄褐色土硬面,厚约3 cm;东部铺砖上有近东西向完整砖平铺;西部边缘用不规则石块平铺包边,包边与门洞东壁相齐。包边石之上置长方形门墩一个,近南北向摆放,长约66 cm,宽约33 cm,高约30 cm,通体磨光,一侧中间凿有长方形凹槽,凹槽宽约7 cm,深约8 cm。从门墩的摆放位置及方向来看,应经扰动。(图4-63)

图4-63 四号建筑基址(北-南)

（五）城墙护坡

一号护坡位于城墙南侧、城门墩台西侧，城墙与城门墩台西壁相接处，距地表约 1.75 m。平面呈"L"形，分北、东两段。北段紧依城墙南壁，揭露部分长约 5.9 m，顶宽 0.70～0.75 m，高约 1.9 m。东段紧依城门墩台西壁，与北段夹角近直角，南端与月城西墙的外墙相接，长约 4.5 m，顶宽 0.55～0.60 m。护坡为三合土夯筑，分为露明、埋深两部分，横截面呈阶梯状，上窄下宽。露明部分高约 1 m，顶部为北高南低的斜直面，表面用水泥涂饰，平整光滑。埋深部分为基础，高约 0.9 m，较露明部分宽出约 0.25 m，边沿不规整。

二号护坡位于一号护坡外侧并与之相接。平面形状与一号护坡相似，亦分北、东两段，高约 1.5 m，北段长约 3.85 m，宽 1.25～1.45 m，东段长约 4.15 m，宽约 1.3 m。以黄褐色三合土夯筑，极为坚硬，顶部为北高南低的斜坡，坡面平整。外沿不规整，壁略斜收，壁面粗糙，应为埋深部分。该护坡应为加固一号护坡所筑。（图 4-64）

图 4-64　城墙护坡（西-东）

三 景星门

景星门区域的考古工作发现的遗迹有城门、水闸、道路、沟、活动面、柱洞、墙、夯土等类。（图4-65）

图4-65 景星门正射影像（东-西）

（一）城门

清理城门 1 座。由城门墩台和城门洞组成。

1. 城门墩台

城门墩台未完全揭露，其南北边界尚未明确，据已揭露部分判断，城门墩台南北长约 54.2 m，宽约 12 m。清理出墩台西侧部分包边砖墙，以及墩台顶部柱洞和散水沟各 1 处。

城门墩台内以较纯净的红褐色山岗土夯筑，但夯层不明显；外侧以砖砌墙包边，墙宽 1.40～1.75 m。包边墙内部砌砖较乱，且多用半砖，内沿参差不齐，外沿规整，皆用完整砖，砌法以一顺一丁为主，外侧墙面平整陡直。（图4-66）

图4-66 门洞北侧城门墩台顶部

一号柱洞（D1）位于城门洞北侧，城门墩台中部，距地表约 0.28 m。平面呈圆形，周壁以长方形青灰砖错峰平铺叠砌，内径 0.60～0.64 m，外径 1.0～1.1 m，残深约 0.73 m。北壁微袋，残存 13 层砖，南壁较直，残存 12 层砖。所用砖以半砖居多，砖面多有白灰痕迹。柱洞底部为红褐色黏土，较纯净，土质致密。（图 4-67）

图4-67　城门墩台顶部柱洞（西-东）

一号散水沟（G4）位于城门洞北侧、城门墩台中部，距地表约 0.25 m。保存较差，揭露部分东西长约 2.9 m，宽约 0.4 m，深 0.60～0.16 m。沟壁以长方形砖丁向错峰平铺叠砌，沟底为长方形砖顺向平铺，底部东高西低，落差约 10 cm。用砖常见规格：38 cm×20 cm×6 cm、36 cm×18 cm×6 cm、34 cm×7 cm×6 cm。（图 4-68）

图 4-68 城门墩台顶部散水沟（西-东）

2. 城门洞

城门洞保存较好,除券顶大部被破坏外,其余部分较完整。为石砌长方形圆拱顶门洞,东西总长 12 m,方向西偏北 5°。(图 4-69)

城门洞由前后两段组成(以城外为前),前段长 3.7 m,后段长 8.3 m,两段宽窄不同,前段宽 3.36 m,后段宽 4.58 m,前段两边各向内收缩约 0.6 m,两段相接处 90° 转角,应为安置城门处。前段门洞距外口 1.76 m 处于两壁上部各设一长方形缺口,南北对称,缺口长 0.32 m,深 0.48 m。该缺口可能为安放闸板所用。(图 4-70)

图 4-69 景星门城门洞全景(东-西)

图4-70 门洞前后段相接处与门洞侧壁缺口

城门洞废弃后于其前段内填充夯土，距地表约3 m，东西长3.7 m，宽3.55 m，高2 m。夯土共分24层，每层厚4～12 cm。夯土为黄褐色黏土，土质坚硬，较纯净，夹有零星砖粒和粗沙。夯层表面平整，多铺有较薄的白石灰粉，应为防止行夯时黏连所用。夯窝较浅，不甚明显，略呈圆形。（图4-71）

图4-71 门洞前段夯土遗迹（西-东）

门洞内夯土之后则填充大量石条，应为门洞券顶建筑构件，拆毁后就地填充于门洞内。（图4-72）

图4-72 门洞内的石条堆积（东-西）

城门洞两壁以长方形石条错峰叠砌，白石灰勾缝，见有使用瓦片填缝现象，北壁残高 2.10～2.35 m，南壁残高 1.8～2.3 m。（图 4-73、图 4-74）

图4-73　城门洞北壁（南-北）

图4-74　城门洞南壁（东北-西南）

两壁净高约 1.65 m 处起拱。券顶石内侧凿成弧形，外侧不甚规整，大小不一。砌法丁顺结合，错峰叠砌，规律不明显。所用石材主要以红砂岩居多，花岗岩较少，条石长 0.35～0.92 m，宽 0.28～0.32 m，厚 0.18～0.20 m。（图4-75）

图4-75　门洞券顶起拱处（西北-东南）

城门洞内壁整体用石灰批荡，局部保存有3～4层，每层厚0.5～0.8 cm。批荡表面涂以红色涂料，然后以白石灰画线条装饰，线条构成等面积长方形格状，每格长0.9 m，宽0.3 m。（图4-76、图4-77）

图4-76　城门洞内壁批荡（东北-西南）

图4-77　城门洞内壁批荡装饰（南-北）

城门洞底部为路面和散水沟，路面原应为砖石结构，破坏严重，仅存较小部分于靠近南侧散水沟处，以石块和青砖铺建幔地，青砖平铺，石块无规律镶嵌其中。（图4-78）

图4-78　城门洞底部（东南-西北）

门洞底部共清理出散水沟3条,其中一号沟和二号沟为明沟,结构基本相同,分布于门洞内两侧,三号沟为一号沟下的暗沟,与一号沟和二号沟的结构差异较大。

一号沟(G1)位于门洞底部南侧,紧依门洞南壁与水闸南闸墩,保存很差,于已揭露的门洞底部基本破坏无存,仅门洞东西两端各存一段。于水闸南闸墩处以弧形向

▼ 图4-79 一号散水沟东段(西-东)

南转折至发掘区外。东西向,平面呈长条状,横截面呈弧形,为水泥修建。东段长 2.2 m,宽 0.20～0.25 m,深 0.10～0.15 m,西段长 0.96 m,宽 0.28 m,深 0.20～0.25 m。(图 4-79、图 4-80)

图 4-80　一号散水沟西段(北-南)

二号沟（G2）位于门洞底部北侧，紧依门洞北壁，东西向，平面呈长条状，横截面呈弧形，为水泥修建，揭露部分长约8.3 m，宽0.28 m，深0.2 m。（图4-81）

图4-81　二号散水沟（东-西）

三号沟（G3）分布于门洞底部南侧和城门东侧，位于一号沟之下，距地表约 4.8 m。保存较好，为砖砌暗沟，平面呈"丁"字形，于城门洞内为东西向，城门东侧则为南北向，横截面为正方形。已揭露部分东西长 6.8 m，内宽 0.4 m，深 0.45 m。沟壁以单行青砖顺向错缝叠砌，黄泥勾缝，残存 8 层，所用多为半砖或小块碎砖，整砖较少，常见完整砖规格为 35 cm×20 cm×6.5 cm 和 29 cm×18 cm×4.5 cm。沟底以半砖平铺，破坏严重。沟东段见有石板覆顶，并于其上修筑路面。（图 4-82、图 4-83）

图 4-82　三号散水沟于门洞内（西-东）

图4-83 三号散水沟于城门西侧（北-南）

（二）水闸

清理水闸1座。

一号水闸（SZ1）位于城门洞前端，与城门墩台西包边墙相接，距地表约1.2 m。水闸由南北对称的2座闸墩和底部槽石组成，保存较好，仅南闸墩局部受到现代供水管道破坏。水闸平面形状近梯形，前端总宽4.6 m，后端总宽5.64 m，厚约3.46 m。闸墩顶部平整，外壁微弧，内壁陡直，前窄后宽，前端宽0.5 m，后端宽1.12 m，高2.8 m。闸墩主要为青砖砌筑，四周表面用水泥粉饰光滑，内壁则为竖立的花岗岩石板，修建坚固。石板厚0.34 m，中部自上而下为两道平行的方形门槽，用以安放闸板，深0.1 m，前槽宽0.12 m，后槽沟宽0.14 m。水闸底部亦为花岗岩石板，中部为与两侧闸墩对应的门槽。（图4-84）

图4-84 城门前水闸（西-东）

门槽由两块石板拼成，其中一块边缘凿出"L"形缺口，与另一块边缘完整的石板拼接形成门槽。（图4-85）

4-85 水闸闸墩内部结构

（三）道路

共清理出道路 2 条，分别位于城门两侧。

一号道路（L1）位于城门及水闸西侧，与水闸底部相接，东西向。路面保存稍差，中部多处被毁。揭露部分东西长 2.5 m、南北宽 4.5 m。路面用形状不甚规则的石板和长方形青砖平铺，较平整，中部多用石板，两侧铺砖为主。石板大小不一，表面光滑，少部分面上刻有菱形防滑槽，较大者长 78 cm，宽 37 cm，厚 11 cm，较小者长 25 cm，宽 23 cm，厚 14 cm。砖面踩踏光滑，所用多为半砖，整砖较少，常见完整砖规格为 32 cm×20 cm×4.5 cm 和 25 cm×12 cm×6 cm。石板和青砖均为单层无规律平铺，局部夹杂不规则碎石块。路面下为夹碎砖、瓦片的灰色垫土，较坚硬，厚约 20 cm。（图 4-86）

图 4-86　门洞西侧路面

二号道路（L2）位于城门东侧，与城门洞底部相接。仅揭露道路西南部分，东西长2.65 m，南北宽3.5 m。路面中部破坏严重，两侧保存较好。路面主要以长方形青砖平铺，局部夹有条形石板，南侧有条石包边。路面平整光滑。用砖大小不一，常见完整砖规格有32 cm×20 cm×4.5 cm和25 cm×12 cm×6 cm。路面下为夹碎砖、瓦片的灰色垫土，较坚硬，厚约20 cm。（图4-87）

图4-87 门洞东侧路面（西-东）

(四)墙址

清理墙址 1 座。

一号墙(Q1)位于城门墩台西北,与城门墩台相接,东西向,南距城门洞约 15.5 m,距地表约 0.2 m,被现代建筑破坏严重。东端与城门墩台包边墙相接,向西延伸出发掘区,揭露部分东西长 24.3 m,宽 2~3 m,露出现地面约 1.3 m。墙北为居民出行通道,故仅在墙南进行了部分清理。墙体两侧砌砖墙包边,中间填土,上窄下宽。南侧包边墙宽 1.1~1.2 m,用砖多为半砖,顺向平铺叠砌,外表有石灰批荡痕迹,常见完整砖规格为 36 cm×18 cm×8 cm。墙内填黄褐色土,夹少量碎砖瓦片。(图 4-88)

图 4-88　一号墙(西-东)

四 府署遗址

府署遗址位于丽谯楼北侧至城墙一带，2018年对肇庆端州府（包公府）修复重建工程用地范围进行考古调查、勘探时发现，揭露的遗迹有建筑基址10座、墓葬2座、排水沟1条、墙址2处、灰坑4座等，遗迹保存状况多较差。

（一）五号建筑基址

五号建筑基址位于遗址北部，与现存披云楼、丽谯楼处于同一轴线上。平面呈长方形，坐北朝南。勘探清理出台基、廊道、柱基、隔墙、砖墁地等相关遗迹。（图4-89）

图4-89 五号建筑基址西部正射影像（东-西）

1. 台基

五号建筑基址台基平面呈长方形，近东西向，方向约 100°，东西长约 26.1 m，南北宽约 12.6 m，台高约 0.7 m，台基南沿灰砖包边，其余三面边界不甚明显。从对台基南沿的解剖情况了解，台基主要利用原地势较高的台地，整平后加铺一层黄褐色掺白灰的黏土拍打压实，其上用砖墁地。

台基南沿包边墙宽约 0.3 m，高约 0.7 m，砖墙上部平置规整的阶条石，外侧墙面（即露明部分）以长方形砖错缝顺砌，砌筑规整陡直，墙面局部见有白灰批荡，批荡厚约 0.5 cm，内侧多以零乱的残砖填塞，边沿不规则。通过解剖发现，南沿包边墙是在原有的土台基础上修整边沿向下挖墙槽（或边坡），而后在修整好的边沿处砌墙包边，仅外墙面（露明部分）砌砖规整，内侧包于台基内，砌筑较随意。（图 4-90 至图 4-92）

图 4-90　五号建筑基址中西部台基南侧包边（南-北）

图4-91 五号建筑基址东部台基南侧包边（南-北）

图4-92 五号建筑基址中部北端（东-西）

2. 廊道

廊道位于台基南部，宽 0.95～1.00 m，底部用长方形砖墁地，铺法为一顺一丁平铺，砖面多凹陷变形，常见规格为 32 cm×16 cm×5 cm。廊道与室之间以长方形条石顺向平铺相隔，多处残缺，宽约 0.15 m，高出廊道地面约 0.15 m。（图 4-93）

图 4-93　五号建筑基址廊道（东-西）

3. 柱基

勘探清理出柱基9处，个别柱基上部见有柱顶石，柱基大都排列有序，个别有移位或扰动现象，其中台基南部一排4个，距台基南边沿约1.25 m，自西向东编为1～4号。1号柱基北侧两处分别编为5号、6号，3号柱基北侧两处分别编为7号、8号，2号柱基北侧一处编为9号。

1号柱基，位于台基的西南角，近方形，灰色板岩，质地坚硬，表面刻条纹，规格为50 cm×50 cm×10 cm。（图4-94）

图4-94　1号柱基（东-西）

2号柱基，位于台基南端西部，西距1号柱基约4.6 m，近方形，紫灰色砂岩，质地坚硬，表面刻条纹，规格为55 cm×55 cm×12 cm。（图4-95）

图4-95　2号柱基（南-北）

3号柱基，位于台基南端中部，西距2号柱基约5.1 m，近方形，灰色板岩，表面未见纹饰，规格为65 cm×65 cm×12 cm。柱基上部放置红砂岩柱顶石，圆形，已破裂，直径约0.4 m、高0.16 m。（图4-96）

图4-96　3号柱基（南-北）

4号柱基，位于台基南端东部，仅揭露较少部分，西距3号柱基约11.5 m，近方形，规格为63 cm×63 cm×10 cm。（图4-97）

▽ 图4-97　4号柱基（北-南）

5号柱基，位于台基近西端南部，南距1号柱基约1.5 m，近方形，灰色板岩，表面刻条纹，规格为38 cm×38 cm×12 cm。（图4-98）

图4-98　5号柱基（东-西）

6号柱基，位于台基近西端中部，南距5号柱基约2.3 m，近方形，灰色板岩，岩质较硬，规格为45 cm×45 cm×12 cm。（图4-99）

图4-99　6号柱基（北-南）

7号柱基,位于台基中南部,南距3号柱基约3.1 m,黄褐色砂岩,表面刻画条纹,纹饰不清晰,规格为60 cm×60 cm×10 cm。(图4-100)

图4-100 7号柱基(北-南)

8号柱基,位于台基的中北部,南距5号柱基约4.6 m,近方形,黄褐色砂岩,表面正中阴刻一"官"字,规格为60 cm×60 cm×10 cm,该柱基明显高于砖墁地且倾斜,应为扰动所致。

9号柱基,位于台基的西北部,东距8号柱基约4.3 m,近方形,黄褐色砂岩,表面刻条纹,规格为46 cm×46 cm×12 cm。

4. 隔墙

残存一道隔墙，被9号柱基隔为两段，近东西向，残存总长约5.3 m，宽约0.16 m，高约0.1 m。隔墙以单行长方形灰砖顺向平铺，局部残存两层，常见规格为30 cm×16 cm×5 cm。

5. 室内

室内用砖墁地，为正方形砖斜铺。砖墁地多被晚期破坏，现存地面起伏不平，铺砖大都断裂破碎。室内铺砖规格一致，为30 cm×30 cm×3 cm。铺地砖下多垫有细沙，细沙之下为黄色或红色黏土。（图4-101）

图4-101　五号建筑基址砖墁地（南-北）

五号建筑基址发现的柱基排列有序，从柱基显示的柱网结构分析，该建筑自南向北残存3排柱基，最南1排现存柱基4处，分别编为1～4号柱基（为叙述方便，以下简称为1～4号柱，余同），其中3、4号柱间缺1柱。第2排残存2柱（6、7号柱），第3排也残存2柱（8、9号柱）。自西向东观察，1、6号柱，2、9号柱和3、7、8号柱各呈1列。9号柱东、西两侧残存隔墙，8号柱位置略有偏差。根据对称分布的原则，五号建筑面阔应为5间，进深应为3间，柱网缺失部分亦可能存在减柱的做法。

五号建筑通面阔约26.1 m，通进深约11.4 m（含廊道）。

以第一排1～4号柱中心点计算，自西向东第1间面阔约4.6 m，第2间面阔约5.1 m，第3间因3、4号柱间缺1柱，面阔无法直接测得。从五号基址通面阔判断，第3间为明间，第2、4间为次间，第1、5间为梢间，按建筑左右对称原则推测，第4、5间面阔应与第1、2间相当，则第3间面阔约为6.7 m。

以3、5、8号柱与2、9号柱及隔墙判断，第1进进深约3.1 m，第2进进深约4.1 m，第3进因后排未发现柱基且边界不明显，按前后对称原则推测其进深约为3.1 m。

据层位关系、建筑材料和砌筑方式判断，五号建筑基址始建年代概可上溯至明，历多次修缮、改建，废弃于晚清至民国初期。

（二）八号建筑基址

八号建筑基址位于五号建筑基址西侧，开口距地表约0.6 m。基址东南部破坏严重，西、北、东北部均延伸出探沟外。已揭露部分平面近三角形，南北残长约5 m，东西宽1～2 m，残存建筑底部，建筑朝向无法辨认。

基址为砖石铺筑而成，中间以长方形条石平铺，计有6块，其中北部一条石稍小，长约0.7 m，宽约0.3 m，其余大小相近，长0.85～0.95 m，宽0.3 m。条石四周平铺长方形青灰砖，多为残砖，砖向杂乱无规律。完整砖常见规格为30 cm×15 cm×5 cm。（图4-102）

图4-102 八号建筑基址（南-北）

(三)二号墓葬

二号墓葬位于五号建筑基址西北侧,距地表约 1.5 m。保存很差,仅对其进行了部分揭露。

该墓为长方形砖室墓,已揭露部分呈前后两室,残长约 4.03 m,宽约 2.58 m,残高约 0.45 m,方向 100°。墓壁仅后室残存少部分侧壁,为一顺一丁错缝平铺,墓底用长方形砖"人"字形平铺。前室较后室低约 0.3 m,前后两室间设 5 级台阶,台阶以长方形砖顺向平铺,每级高约 5 cm。未见棺木、骨架及陪葬品等。

墓砖主要为红褐色,亦有少量青灰色,胎质坚硬。均为长方形砖,常见规格为 35 cm×17 cm×5 cm。墓砖平面常饰网格纹。(图 4-103)

据墓葬形制、结构及墓砖特征,初步判断该墓年代应为南朝时期。

图 4-103 二号墓葬(西-东)

第五章 结语

一 发掘与保护

为贯彻实施边发掘边保护的工作要求,我们在发掘工作中积极采取了诸多保护措施。

(1)因北门已复建城墙海墁、雉堞等结构,此次发掘只对门内道路部分进行了局部清理。受台风、暴雨侵扰,未发掘的北门门洞有部分填土垮塌,对复建的城墙海墁造成威胁,因此,我们对垮塌部分进行了填实并修筑了护坡。(图5-1)

图5-1 用沙袋填充北门门洞防垮塌(南-北)

（2）南门门洞前段两壁较为陡高，且结构略有些松散，发掘时考虑到安全因素，此段门洞未完全发掘，东西两侧各保留了一小段门洞内填土，上部做了有钢结构防护支撑架。（图5-2）

图5-2 南门门洞前段防护支架（北-南）

（3）南门月城外墙陡直，外立面一直暴露，已出现多处裂缝。为防止月城墙垮塌，我们对月城外墙进行了钢架支护。（图5-3）

图5-3 南门月城外墙钢架支护（西-东）

（4）雨水直接冲刷对考古探方和已揭露遗迹的危害最大，所以我们在南、西二门发掘区搭建了防雨棚架，并对探方四壁和重要遗迹立面加盖防水塑料薄膜，在地势低洼区构筑简易挡水和散水设施。（图5-4至图5-9）

图5-4 南门防雨棚外观（西-东）

▽ 图5-5　南门防雨棚内景（西-东）

▽ 图5-6　西门防雨棚外观（南-北）

图5-7 西门防雨棚内景(东-西)

图5-8 对遗迹立面与平面加盖防水塑料薄膜（北-南）

图5-9 构筑简易挡水和散水设施（东-西）

（5）北、西二门地下水位较高，容易导致苔藓植物滋生，形成新的安全和卫生隐患，所以我们在发掘中要定期抽排地下水。（图5-10）

▽ 图5-10 西门抽排地下水（东-西）

二 收获及意义

2017—2018年的肇庆府城考古工作对肇庆古城墙的朝天门（北门）、南薰门（南门）及景星门（西门）三个区域实施了发掘清理，对府衙遗址进行了调查、勘探，整体情况总结如下。

（1）发掘工作进场之前，除朝天门北侧外，南薰门、景星门及朝天门南侧均被道路等现代建筑物覆盖，其上填充堆垫大量晚期堆积，对城门的保护起到了良好的作用，使此次发掘得以完整揭露城门废弃时的情况。

朝天门区域的工作，主要清理出了道路、房址与城门等遗迹。根据地层叠压关系，结合对出土遗物形制的考察，可知上述遗迹均废弃于民国阻塞城门、筑坡越门之时，与文献记载吻合。同时，为了解该区域早期遗存的保存情况，我们对道路和北城墙进行了局部解剖，在民国道路下发现了宋代及明清时期的道路遗迹，在北城墙之下亦发现了宋代墙基遗存，印证了肇庆古城的营建历史。

南薰门的城门墩台已大部揭露，墩台顶部有砖砌柱洞与部分铺砖面，墩台四壁保存完整，其中南门门洞东侧的墩台南壁表面尚隐约可见民国时期的彩绘广告。南薰、景星二门门洞均完全揭露，门洞两壁保存相对完整，结构清晰，内壁表面批荡保存完好，西门还清理出券拱起拱部分。南薰门、景星门各个部分建造的时间略有早晚，城门墩台、城门洞等遗迹均建于清代，水闸则在民国时期才建成，其整体废弃时间与朝天门相同。此次工作大体厘清了南、西二门的年代、平面布局、建筑结构和营建方式，印证了文献中对南、西二门修葺情况的记载。

明代《武备志》记："大凡城高，除垛城身必四丈，或三丈五尺，至下亦三丈，面阔必二丈五尺，底阔六丈。次城，除垛城身高二丈五尺，底阔五丈。小城，身高二丈，面阔一丈，底阔四丈。"相较国内其他古城，肇庆古城的三座城门及城墙规模适中，符合地方府城的规格。

（2）发掘工作在南薰门外发现了小城城墙、城门遗迹，经考查文献，推测其应为南薰门月城。月城源于南北朝时期的却月城；唐代始有月城的称谓，主要指修筑于水边的半圜形军事城堡，其形似却月，因而得名；南宋时，月城成为城墙防御体系的一部分，却无常式，其功能因修筑的位置不同而起到不同的防御作用；至明清时期，月城的形制及位置发生了变化，其功能逐渐演变至与瓮城相似，但仍有严格区分，如明代山西《马邑县志》中记"……东西二门各有重楼，月城二座……"，清代《肇庆府志》《高要县志》均称"四门月城"。南门外小城平面呈不规则圆角矩形，形似弯月，小城由东、西、南三墙合围而成，北接城门墩台，墙残高约4.6 m，宽约3 m，其高度、厚度均较主城墙低窄，应是明清时期月城的典型形制，为研究明清时期月城建筑形制、结构、功能提供了宝贵的资料。

（3）从南门的遗迹发现情况来看，城门、月城及月城的附属结构一应俱全，防御功能十分完备。同时，肇庆古城紧邻西江，发掘工作在南门、西门门洞外侧清理出了保存较完整的民国时期水闸遗迹，于西门外侧又清理出一道防洪墙，结合肇庆市博物馆于20世纪90年代揭露的北门外侧水闸，充分证明肇庆古城墙不仅拥有军事防卫功能，还具备防洪功能，是集防御、防洪功能于一身的综合体系。

（4）限于发掘面积，发掘工作未发现马道遗迹，但城门墩台、门洞、门道、瓮城、门楼柱洞等与城门相关的遗迹均有发现，已揭露的城门包含土构建筑、砖构建筑、石构建筑、木构建筑等，组成完整，结构复杂，保存较为理想，填补了肇庆古城各时期建筑资料的空白，为肇庆古城墙遗址的保护和利用增添了浓墨重彩的一笔。

（5）府衙遗址的调查、勘探工作最重要的发现为五号建筑基址。该基址残存台基、砖墁地、柱子基础等地面结构；台基仅南侧现存包边砖墙与阶条石，其余三面包边墙已遭破坏。根据柱网与砖墁地判断，该建筑面阔五间，进深三间，建筑前有廊子。根据地理位置及开间布局并结合方志文献推断，五号建筑基址应为明清时期肇庆府署知府宅或后堂的建筑基址，该知府宅或后堂的建筑样式应为明清时期常见的高台建筑。

基址所见建筑用材较为复杂，包含明清两代建筑材料，证明该建筑曾多次维修改建，使用时间较长。其台基填土中出土少量明代瓷片，未见清代及晚期遗物。结合方志文献中对肇庆府署知府宅及后堂的建筑结构记载，五号建筑始建年代应为明代，经多次维修改建，至民国时彻底废弃。这与文献记载的肇庆府署始建及使用年代大致吻合，为研究肇庆建城史以及肇庆府署历史提供了宝贵的实物资料。

附记 考古工作纪实

△ 考古普探

△ 全站仪测点

△ 探沟清理

△ 发掘现场

↙ 遗物收集

↙ 遗迹判断

↙ 遗迹清理

↙ 城门清理

↙ 积水清理

↙ 无人机航拍

↙ 现场测绘

↙ 计算机绘图

肇庆市领导视察考古现场

广东省文物局领导检查考古工作

▼ 肇庆市原文化广电新闻出版局领导检查考古现场

▼ 广州市文物考古研究院参观考古现场

← 广东省文物考古研究所田野考古研究中心参观现场

← 广东省文物考古研究所水下考古研究中心参观现场

← 广东省文物考古研究所技术资讯和文物保护中心参观现场

▽ 专家组检查考古工地

▽ 专家组检查图文资料

编 后 记

　　肇庆府城于2017年2月至2018年10月先后进行了肇庆古城墙和肇庆府城文物考古调查、勘探，肇庆古城墙遗址考古发掘，肇庆府署遗址考古调查、勘探，肇庆市端州区康乐南路（宋城二路至南溪路段）市政工程考古调查、勘探。两年间连续4次的考古工作，特别是肇庆古城墙遗址和府署遗址的考古工作，揭露出大量建筑遗址，出土了丰富的实物资料，延伸了肇庆的历史轴线，增强了肇庆的历史信度，丰富了肇庆的历史内涵，活化了肇庆的历史场景。

　　本着考古工作服务学术、惠及公众的理念，现以《肇庆古城墙与府城文物考古：2017—2018年肇庆古城墙与府城考古工作成果》的形式将部分考古成果呈现给大家。在此，感谢肇庆市文化广电旅游体育局、肇庆市博物馆的鼎力支持，感谢关心和关注肇庆古城墙与府城考古工作的各位同人。本书作为阶段性成果，不当甚至错误之处在所难免，敬请指正。

　　先后参与肇庆府城考古调查、勘探、发掘工作的有广东省文物考古研究所的邓宏文、刘长、陈雨生、席松甫、龚海洋、张海斌、尚中克、徐安民，肇庆市博物馆的申红宇、张致政，中山大学硕士研究生赵攀、廉婕和本科生李唯硕、钟晓琳。衷心感谢各位领导和同事对本次肇庆府城考古工作的辛勤付出和对考古事业的无私奉献！

编委会

2021年1月